'What Makes Art, Art?' It is one of the most rhetorical questions that every person answering the way they want. And they cannot be criticized. In this book, we not only presented the best work of the contemporary international artists participated in the Int'l Art Contest online What Makes Art Art, run by the NeoPopRealism Press with Juror Nadia Russ. Here, you will also find out how these artists responded to a question 'What make art art?' Welcome to the insider's art world! The cover's art pieces belong to the contest's Winners.

«Что делает искусство искусством?» Это один из самых риторических вопросов, который задает каждый человек, отвечая на него, как он хочет. И его нельзя критиковать. В этой книге мы не только представили лучшие работы современных художников, участвовавших в Международном конкурсе искусств Онлайн «Что делает искусство искусством», организованном NeoPopRealism Press с Надей Русс в жюри. Вы также узнаете, как эти художники ответили на вопрос «Что делает искусство искусством?». Добро пожаловать в мир искусства инсайдеров! Работы на обложке принадлежат победителям конкурса.

WHAT MAKES ART ART

ЧТО ДЕЛАЕТ ИСКУССТВО ИСКУССТВОМ

WHAT MAKES ART ART

Artworks of the Contemporary Artists

Nadia Russ

NeoPopRealism Press

www.neopoprealism.org

ЧТО ДЕЛАЕТ ИСКУССТВО ИСКУССТВОМ

Работы современных художников

Надя Русс

Неопопреализм Пресса

www.neopoprealism.org

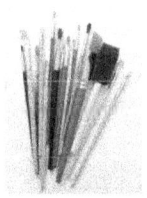

Copyright © by Nadia Russ.

No part of this book may be reprinted or reproduced or utilized in any form or by any electronic, mechanical, or other means without permission in writing from the publisher. The limited use allowed only for purposes such as criticism, news reporting, research, scholarship, and teaching.

Cover images credit © Stefan Eins, Vadim Kyrylyuk, Natali Shvets, Antoinette Ellis-Williams

Language: English with Russian translation.

All artworks in this book copyrighted by their creators ©.

WHAT MAKES ART ART: Artworks of the Contemporary Artists
Black/white edition

ISBN: 9781733867849

Printed in the USA
First published in the USA in 2021.

All inquiry can be directed by email to NeoPopRealism Press:

neopoprealism@protonmail.com

Russ, Nadia - Author/Contributor/Editor.

NeoPopRealism Press' mission is to publish books that contribute in fundamental ways to the art world and society.

CONTENT

Introduction 11

Stefan Eins 13

Natali Shvets 19

Vadim V. Kyrylyuk 27

Antoinette Ellis-Williams 35

Johnnie Mae Maberry 43

Shakira Lee Quin 47

Vitaly Dobusarskiy 49

What Makes Art Art 51

Conclusion by Nadia Russ 57

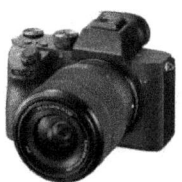

INTRODUCTION

International Art Contest WHAT MAKES ART ART, run by the NeoPopRealism Press and juried by Nadia Russ is over. Congratulations to the Winners, whose artwork now presented on the cover of this account. And the winners are: Stefan Eins - USA (!st Place, he is a legend), Vadim Kyrylyuk and Natali Shvets - Ukraine (shared 2nd Place), Antoinette Ellis-Williams - USA (3rd Place). The artists working in all styles and mediums could submit their artwork to this contest. And they not only expressed themselves through their visual creativity, but also explained in words what makes art art. This rhetoric question appeared to be a key to the inner creative world of each artist, whose work you will see in this book. Welcome to such unique and fascinating journey into the world of the artists!

ВВЕДЕНИЕ

Международный художественный конкурс «Что делает искусство искусством», организованный NeoPopRealism Pressой и жюри Надей Русс, закончился. Поздравляем победителей, чьи работы теперь представлены на обложке этой книги: Стефана Эйнса - США (! место, он легенда), Вадима Кирилюка и Наталью Швец - Украина (они разделила 2-е место), Антуанетту Эллис-Уильямс - США (3-е место). Художники, работающие во всех стилях и средах, могли представить свои работы на этот конкурс. И они не только выразили себя с помощью своего визуального творчества, но и объяснили словесно, что делает искусство искусством. Этот риторический вопрос оказался ключом к внутреннему творческому миру каждого художника, чьи работы представлены в этой книге. Добро пожаловать в уникальное и увлекательное путешествие в мир художников!

STEFAN EINS (USA)

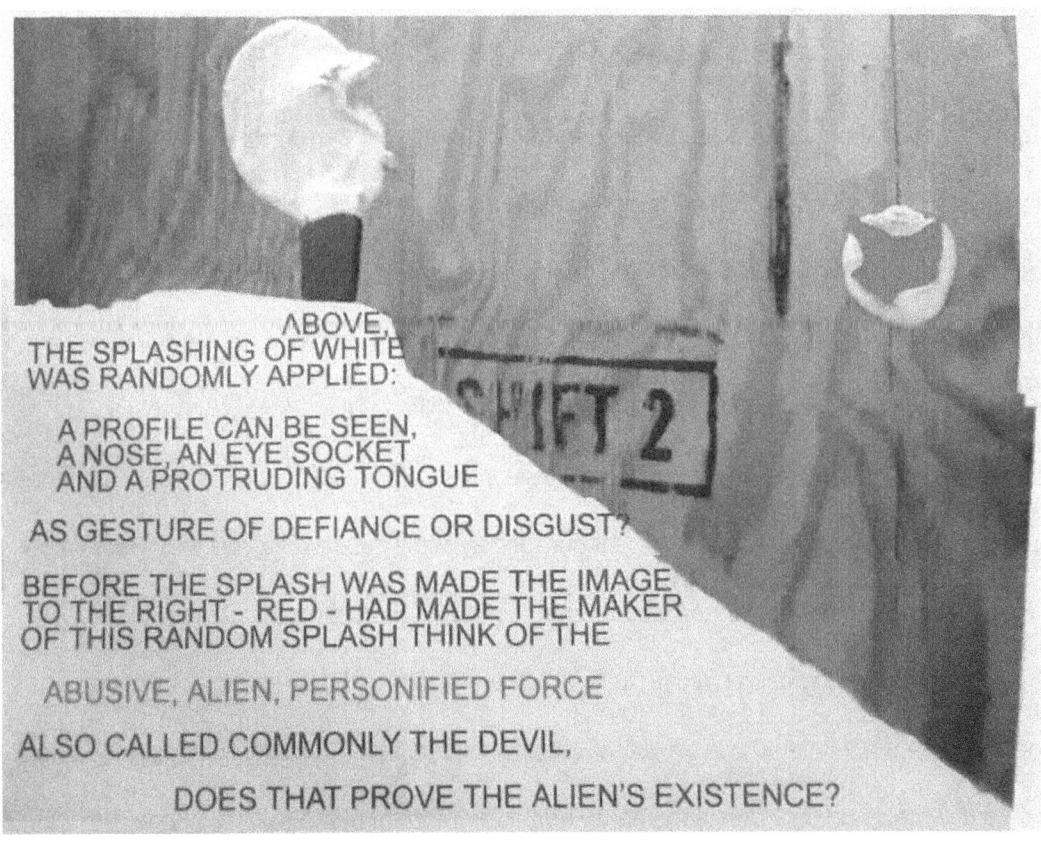

Stefan Eins (USA), The Devil's Existence, Computer Print, 23"x18"

The ! place winner, Stefan Eins (he obviously above of the 1st place and is just a complete celebration of creativity) is a legend. An Austrian-American artist, he has been exhibiting his work since 1970. The Artforum wrote about his work: "Eins' Apple is one that Einstein threw on Newton's head". The Der Spiegel called him "Most refined". The Times of Central Asia wrote: "Eins exhibitions shock and delight".

Stefan believes that art and scientific experimentation are the same. His creativity has impacted the art scene as well as our society. Eins was exhibiting his work in the various venues, including MOMA. His extensive creative history includes founding the Fashion Moda art gallery in South Bronx, New York; founding of two idiosyncratic, do-it-yourself art spaces; he was an early member of the artist group Collaborative Project, Inc. (COLAB). He also was running a gallery at 3 Mercer Street in NYC (1972-79), pointedly called a store - not a gallery, where the artists were encouraged to show their low-priced art. The gallery.98bowery.com had written about Eins: "… Stefan Eins played a central role in shaking up the insular, overly-intellectualized art world of the 1970s in favor of a more socially-engaged, multi-cultural art with broader public appeal…". Stefan quickly joined the NYC's downtown art crowd as soon as he arrived from Vienna in 1967. In Austria, he studied religion and sculpture. In New York, he worked in all mediums moving forward by his feeling that art is a universal impulse. Eins believes in the existence of non-human, intelligent creatures. He finds the deep connection between art and the mysteries of life, magic, science and religion. Today, he still lives in NYC, in the Times Square area.

****

Стефан Эйнс (он явно выше 1-го места и является праздником творчества) – легенда. Австрийско-американский художник, он выставлялся с 1970 года. Артфорум писал о его работах: «Яблоко Эйнса — это то, что Эйнштейн бросил на голову Ньютона». Der Spiegel называл его «Самым утонченным». Времена Центральной Азии писали: «Выставки Эйнса шокируют и восхищают».

Стефан считает, что искусство и научные эксперименты – это одно и то же. Его творчество повлияло на художественный мир, а также на наше общество. Эйнс выставлял свои работы в различных площадках, включая MOMA. Его обширная творческая история включает в себя основание художественной галереи Fashion Moda в Южном Бронксе (Нью-Йорк); основание двух уникальных, сделай сам пространств; он был одним из первых членов группы художников Collaborative Project, Inc. (COLAB). Он также управлял галереей на 3 Mercer Street в Нью-Йорке (1972-79), демонстративно называемой магазином, где художникам было предложено показать свое недорогое искусство. Сайт gallery.98bowery.com писал об Эйнсе: «... Стефан Эйнс играл центральную роль в встряхивании замкнутого, чрезмерно интеллектуализированного мира искусства 1970-х в пользу более социально ангажированного, мультикультурного искусства с более широкой общественной привлекательностью...». Эйнс быстро влился к Художественную сферу Нью-Йорка по прибытии из Вены в 1967 году. В Австрии он изучал религию и скульптуру. В Нью-Йорке он работал во всех художественных средах и стилях, двигаясь вперед с верой, что искусство является универсальным импульсом. Эйнс верит в существование нечеловеческих, разумных существ. Он находит глубокую связь между искусством и тайнами жизни, магией, наукой и религией. Сегодня он живет в Нью-Йорке, в районе Таймс-сквера.

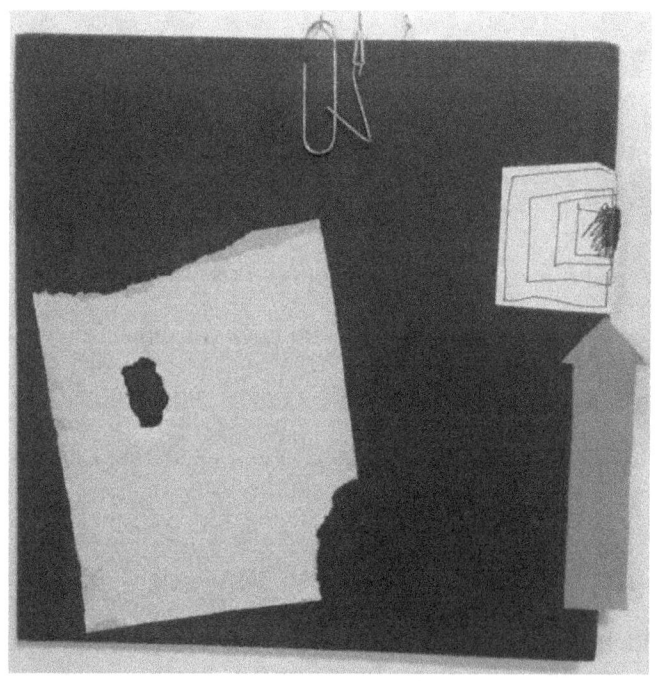

Stefan Eins, Collage 1 - "Viewing Other Dimensions" series, approx. 20"x20"

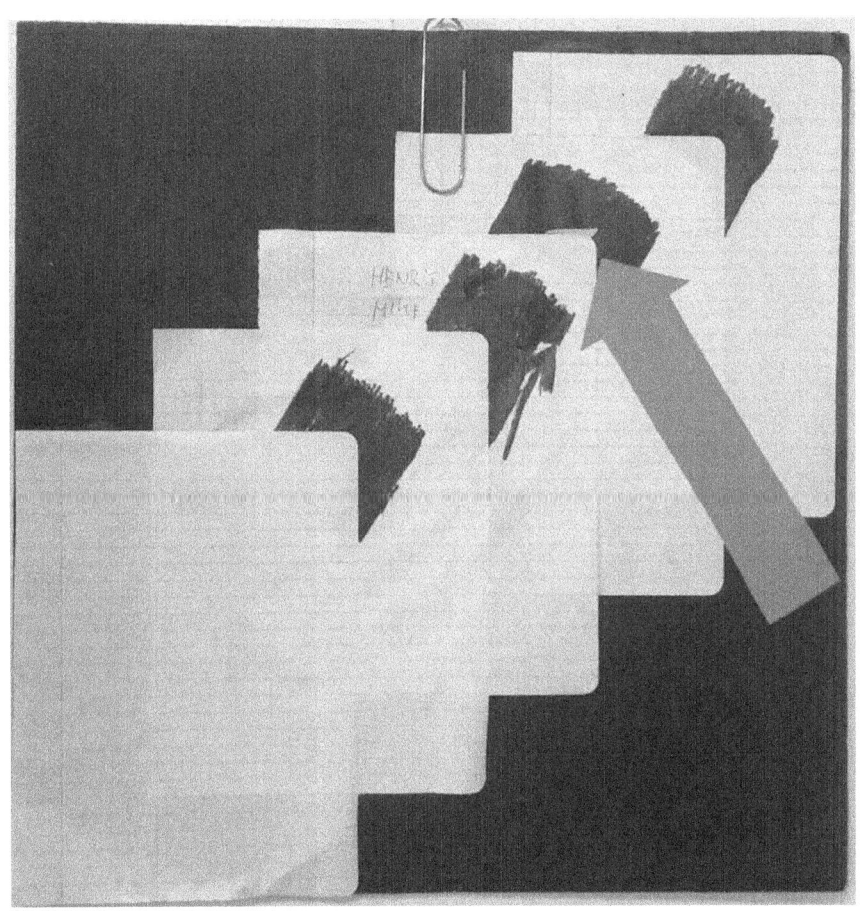

Stefan Eins, Collage 2 - "Viewing Other Dimensions" series, approx. 20"x20"

NATALI SHVETS (Ukraine)

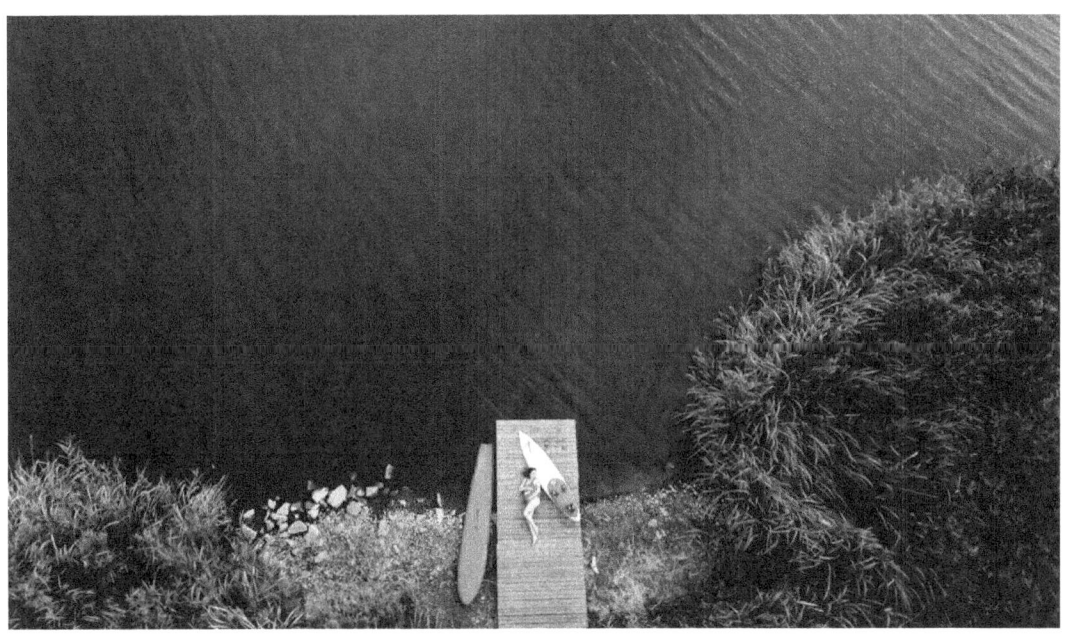

Natali Shvets (Ukraine), Count the Minutes, 12 x 21, photography, 2018

Natali Shvets was born in Russia and then moved to Ukraine. After receiving her first Photo camera Zenith-M, she visited the photo-room and learned a lot about photography, her future profession. During her life span, she also was gaining her knowledge through the wedding digital photography experiences. Today, she possesses the great sense of Composition, the images of her work are striking and meaningful. Natali traveled a lot and her photo camera was always her best friend, helping to capture those unforgettable places and beauty to show them others. Since 2019, Natali Shvets successfully integrated with Vadim V. Kyrylyuk to expand development the CyrilO Virtual Gallery (https://virtart.gallery/about_us), where her personal accomplishments were the high-precision digital shooting and the wide format printing.

****

Натали Швец родилась в России, а затем переехала на Украину. После получения ее первой фотокамеры Зенит-М, она посетила фотозал и узнала много нового о фотографировании, ее будущей профессии. В течение своей жизни Натали также получала свои знания через опыты свадебной цифровой фотографии. Сегодня она обладает великолепным чувством художественной композиции, образы ее работ яркие и содержательные. Натали много путешествовала, и ее фотоаппарат всегда был ее лучшим другом, помогая ей запечатлеть незабываемые моменты красоты и совершенства, чтобы показать их другим. С 2019 года Натали Швец успешно интегрировала с Вадимом Кирилюком с целью расширения CyrilO Virtual Галереи, где ее личными достижениями были высокоточная цифровая съемка и широкоформатная печать.

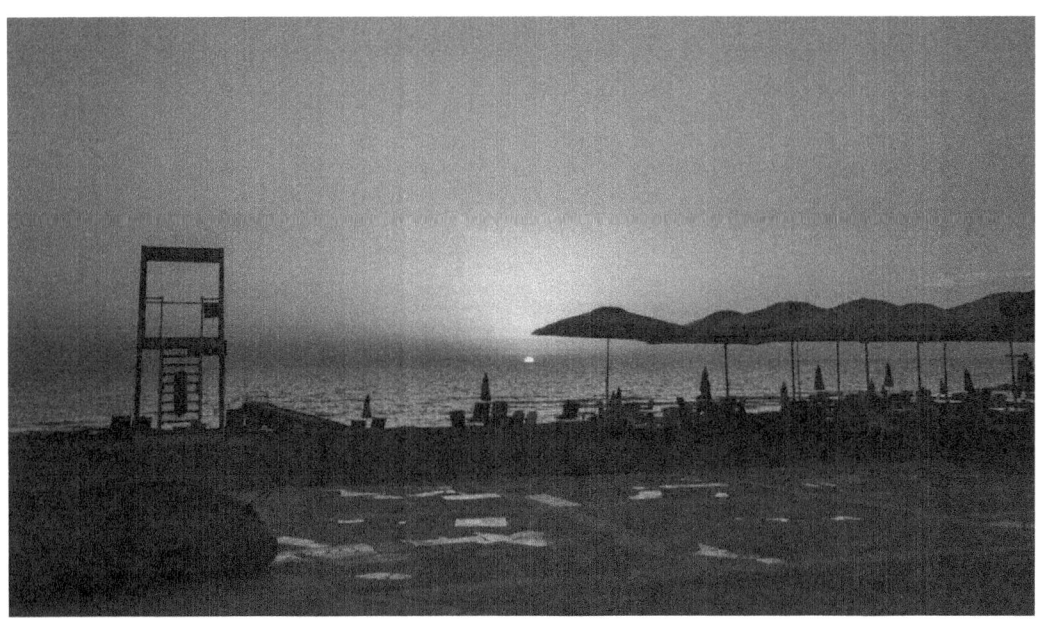

Natali Shvets, At the Eye Level, 12 x 21, photography, 2016

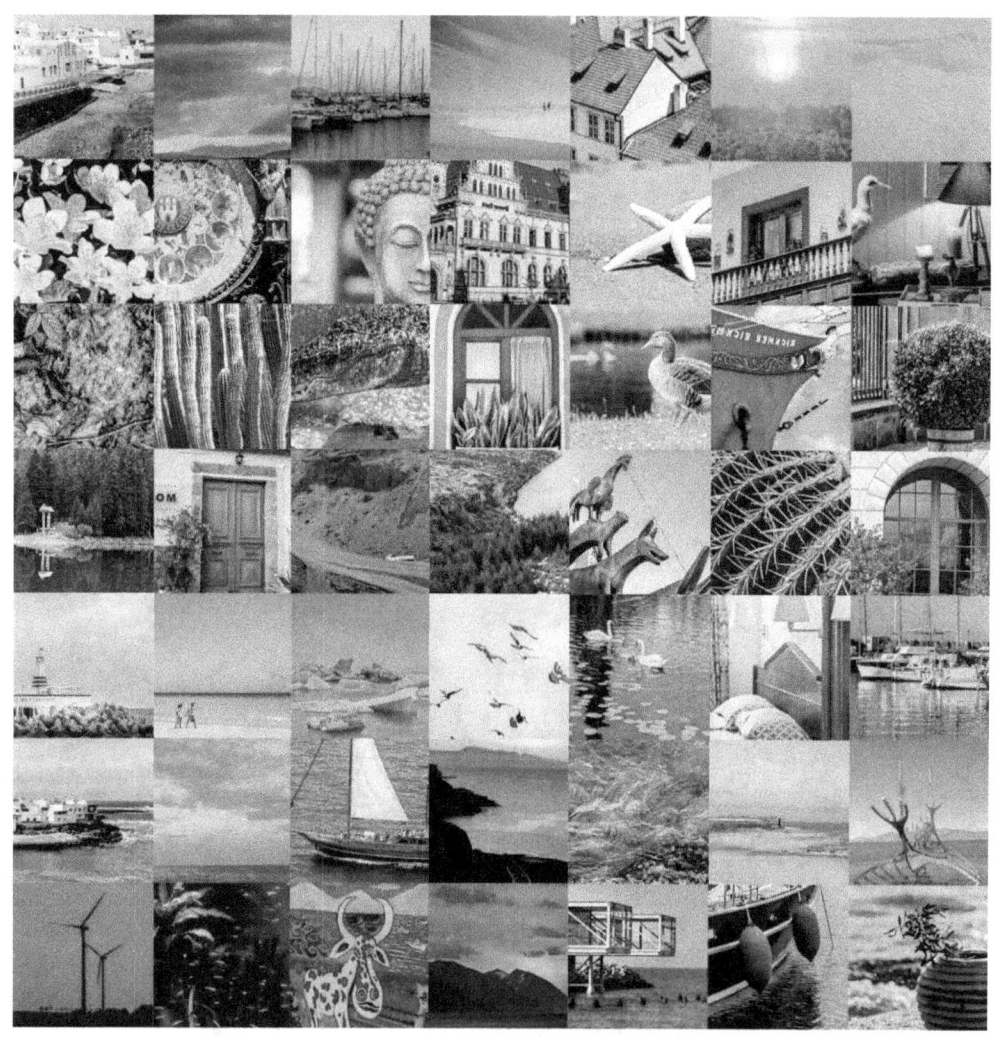

Natali Shvets, Life Is Life, 28 x 28, photo collage, 2021

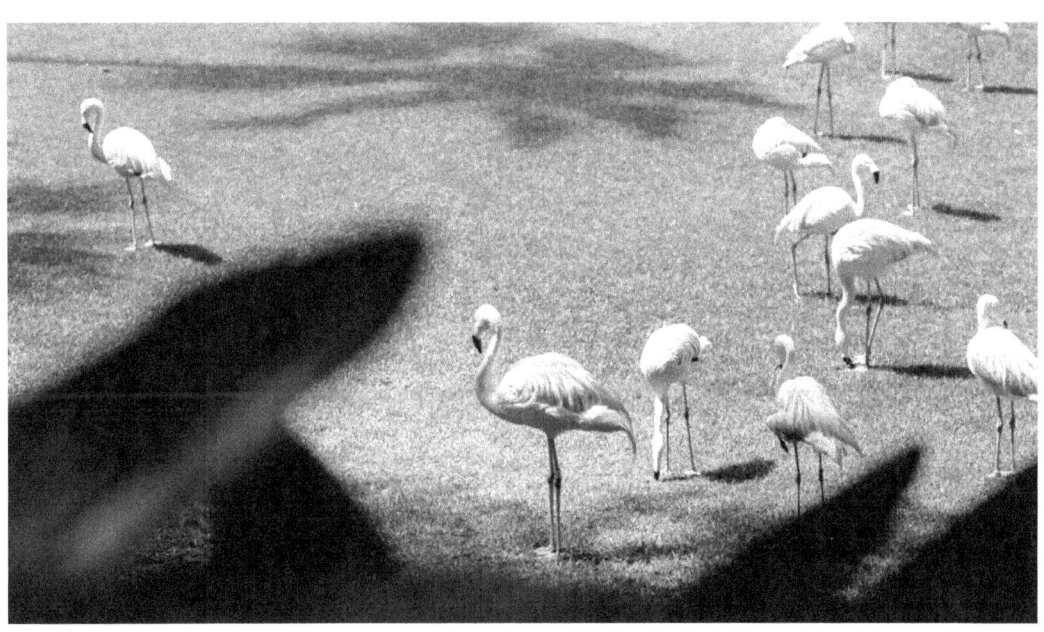

Natali Shvet, Live Carpet, 12 x 21, photography, 2017

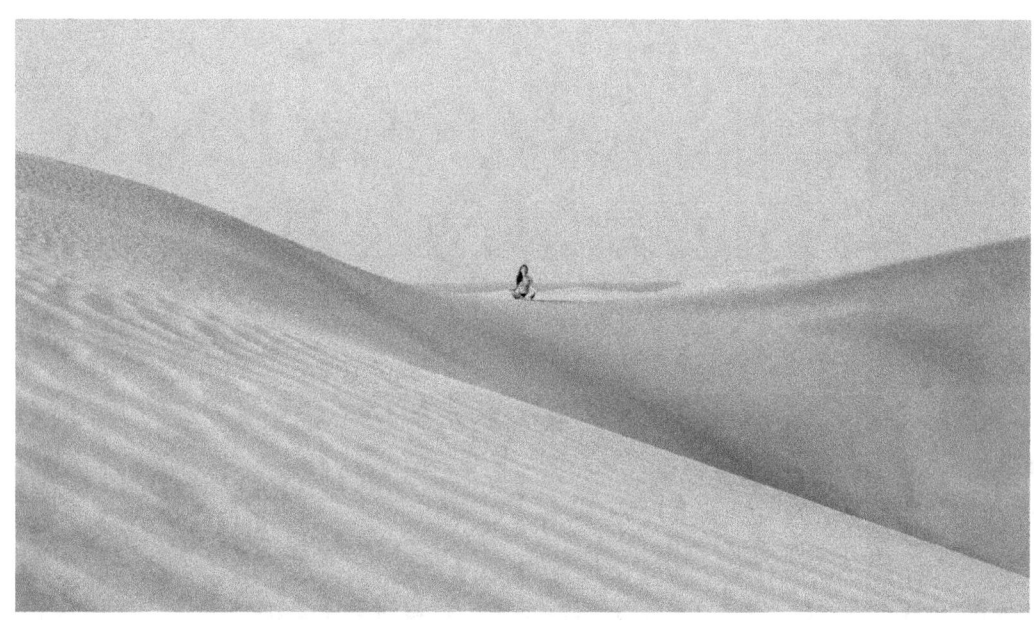

Natali Shvets, Out of Range, 12 x 21, photography, 2012

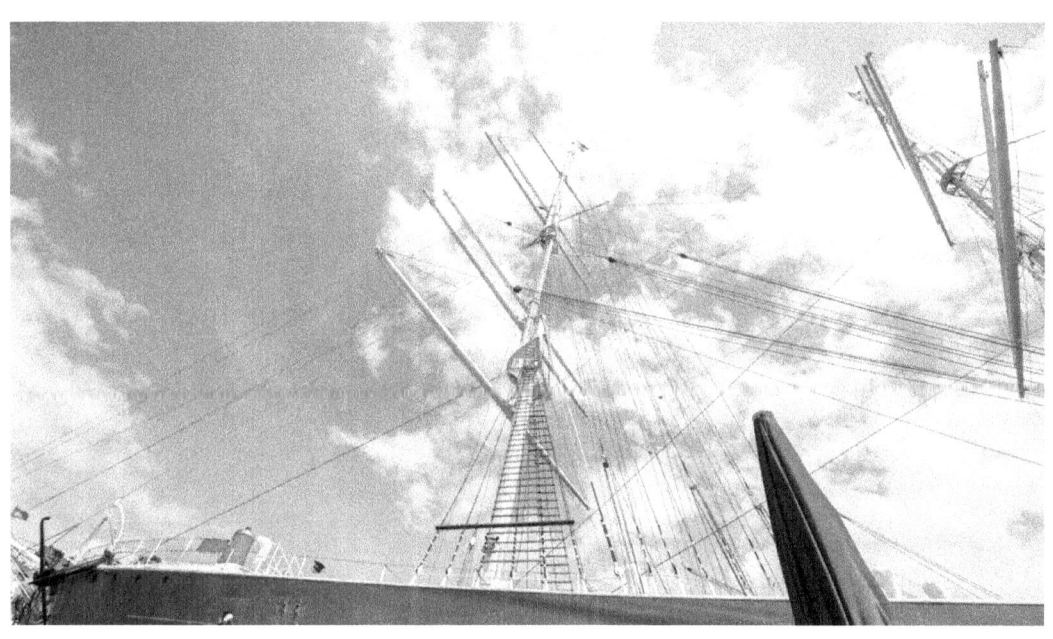

Natali Shvets, Port of Hamburg, 12 x 21, photography, 2013

VADIM KYRYLYUK (Ukraine)

Vadim Kyrylyuk, Ukrainian Harvest, 228/100/1019, acrylic/ latex, 29"x29", 2019

Vadim Kyrylyuk was born in the ex-USSR, in Ukraine. Today, he lives and works in Vinnitsa. He has the practical experiences as a gardener, painter and decorator. Vadim's unique and "excessive" personality can be seen through his bright, colorful and energetic work. He is the soul and life of the Virtual Gallery CyrilO, where he works together with Natali Shvets. His gallery pieces offer the "combination of Colors and Digits to move the beauty of the encircling Creation of Nature". In his work, Vadim Kyrylyuk uses different Surfaces and mediums, including original canvas and UV-resistant inks.

*****

Вадим Кирилюк родился в бывшем СССР, на Украине. Сегодня он живет и работает в Виннице. Он имеет практический опыт садовника, художника и декоратора. Уникальная и «чрезмерная» личность Вадима видна в его ярких, красочных и энергичных работах. Он душа Виртуальной галереи CyrilO, где работает вместе с Натали Швец. Его галерейные опусы предлагают «комбинацию цвета и цифр для продвижения красоты окружающего Творения Природы». В своем творчестве Вадим Кирилюк использует различные поверхности и средства выражения, в том числе холст и устойчивые к ультрафиолетовому излучению чернила.

Vadim   Kyrylyuk, 299/107/0420, 19"x 29", acrylic/ latex, 2020

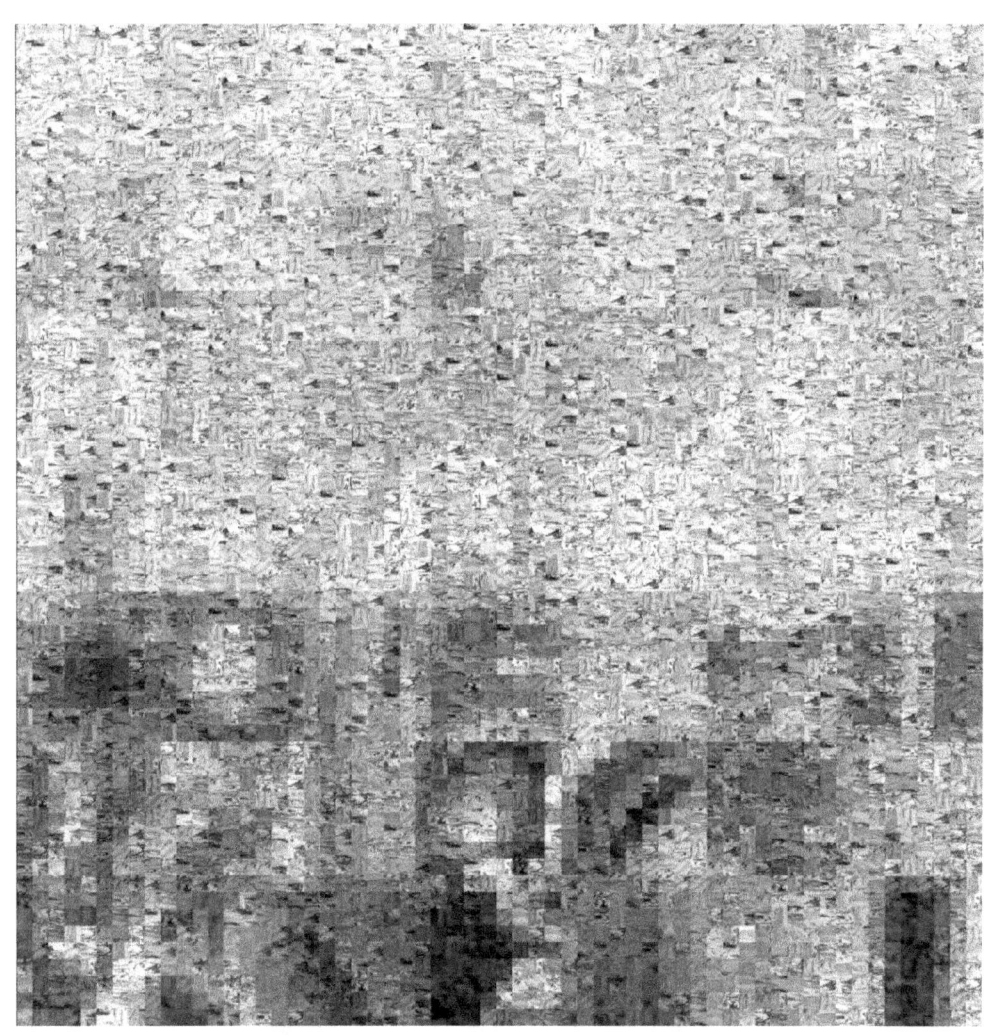

Vadim Kyrylyuk, Life Is Life by CyrilO, 22"x22", 2021

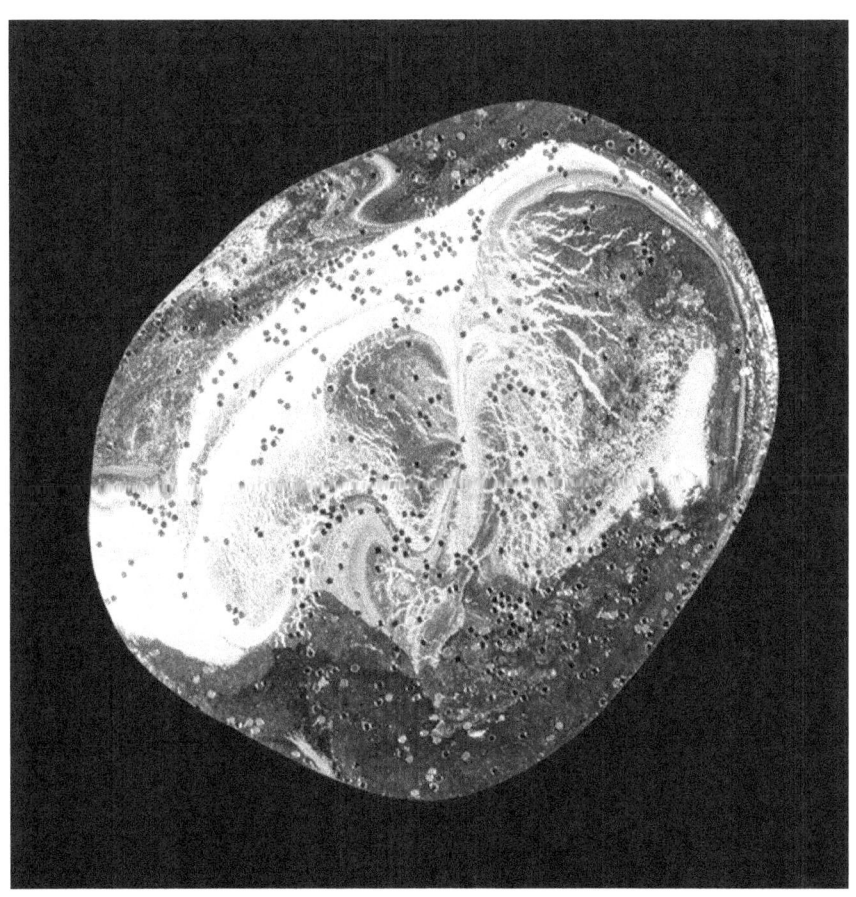

Vadim Kyrylyuk, 280/77/1/0519, 12"x12", acrylic/designer cardboard, 2019

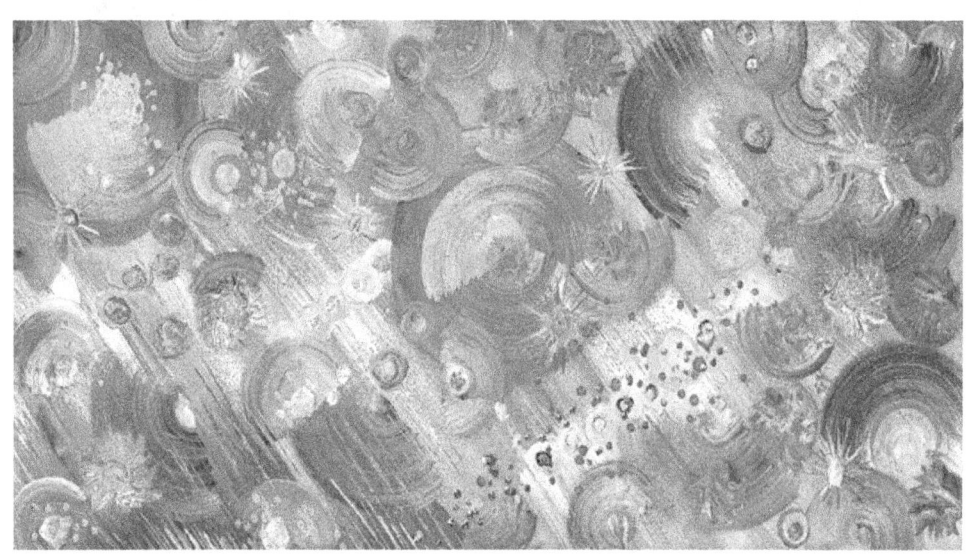

Vadim Kyrylyuk, 160/090/0819, 23"x48", acrylic/latex, 2019

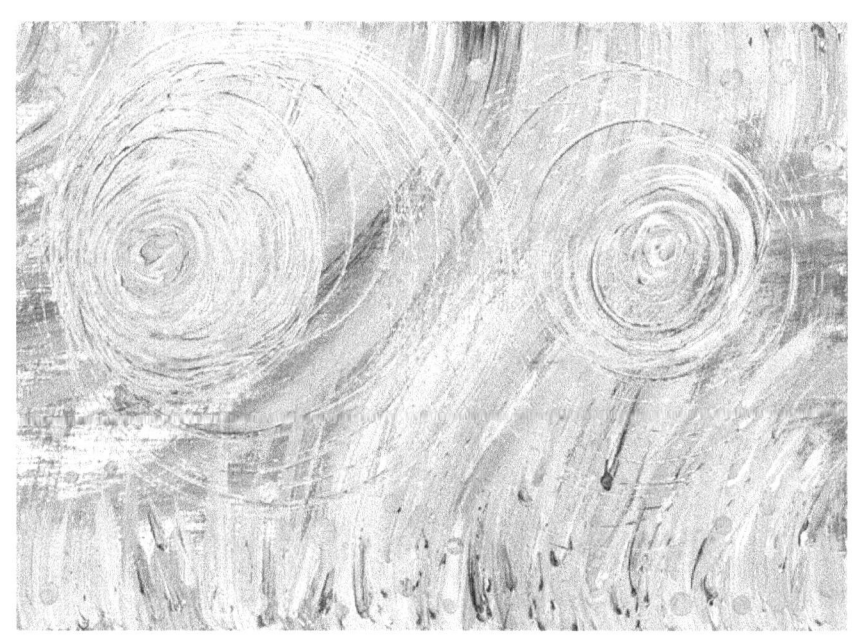

Vadim Kyrylyuk, 058/0419, 13" x 19", acrylic on designer cardboard, 2019

ANTOINETTE ELLIS-WILLIAMS (USA)

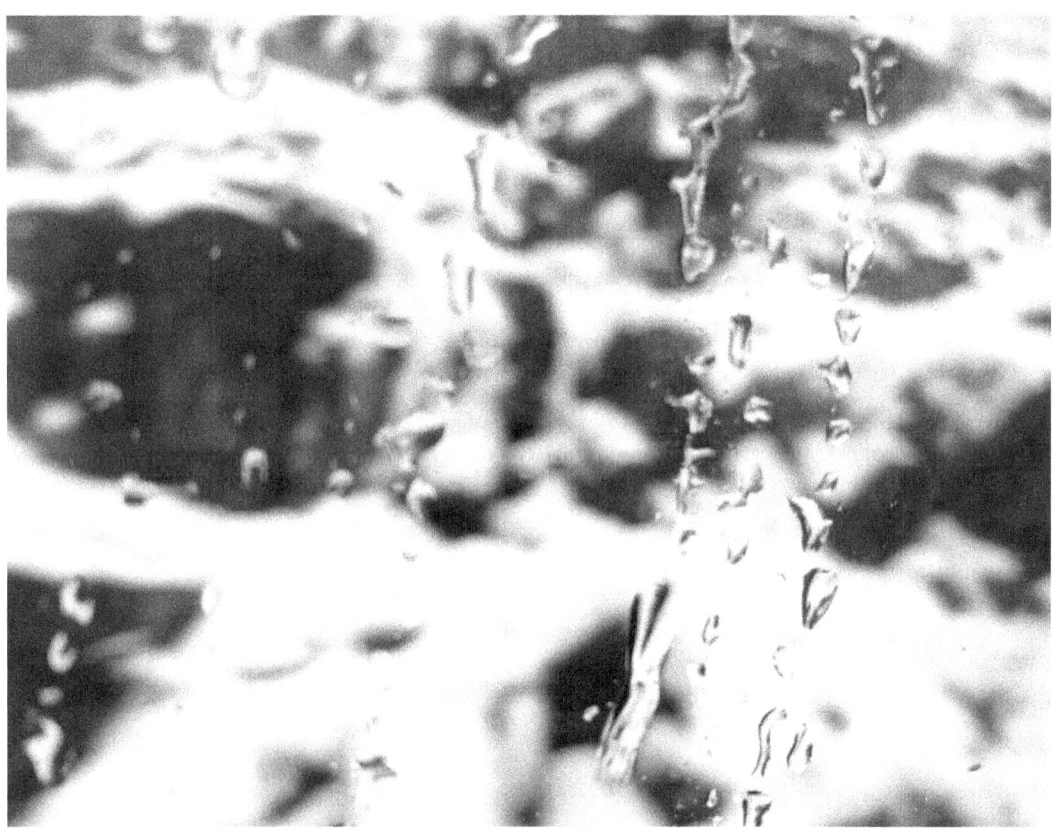

Antoinette Ellis-Williams, Window Seat on The Train I, Digitally Enhanced Photo, 2018

Antoinette Ellis-Williams is the Jamaican- American artist. Her creativity is based on idea of layering, reimagining, recycling, and mixing different methods. She loves mixed media abstract collaging process. "The [her] image continues to evolve, shifting as the sociopolitical and cultural road map changes." She is the Chair and Professor of Women's and Gender Studies at New Jersey City University, the social justice consultant, activist, poet, and the award winning filmmaker. She uses her artwork to express her thoughts, feelings and emotions constantly experimenting and searching with a purpose to shed new light, while looking for the new layers. Today, she is conducting the ethnographic research, creating new art, poetry, prose, and a multi-media installation. Her BURN Project seeks to explore some of the sociopolitical, economic and cultural contexts in which the black women have experienced "Burn". Today, she is focusing on developing her unique, visual artist's voice and skills.

*****

Антуанетта Эллис-Уильямс – ямайская американская художница. Ее творчество основано на идее наслоения, переосмысления, переработки и смешивания различных методов. Она любит абстрактный процесс коллажа. «Имидж продолжает развиваться, меняясь по мере изменения социально-политической и культурной ситуации». Антуанетта также является заведующей кафедрой и профессором женских и гендерных исследований Университета Нью-Джерси. Она консультант по социальной справедливости, активистка, поэтесса и режиссер. Она использует свои работы для выражения мыслей, чувств и эмоций и постоянно экспериментирует в поиске новых идей, в то же время ища новые средства выражения. В настоящее время она заведует этнографическими исследованиями, занимается искусством, поэзией и прозой, а также созданием мультимедийной установки. Ее проект BURN направлен на изучение социально-политических, экономических и культурных контекстов, в которых чернокожие женщины испытали «ожог». Сегодня она сосредотачивается на развитии ее уникального визуального "голоса" и художественных навыков.

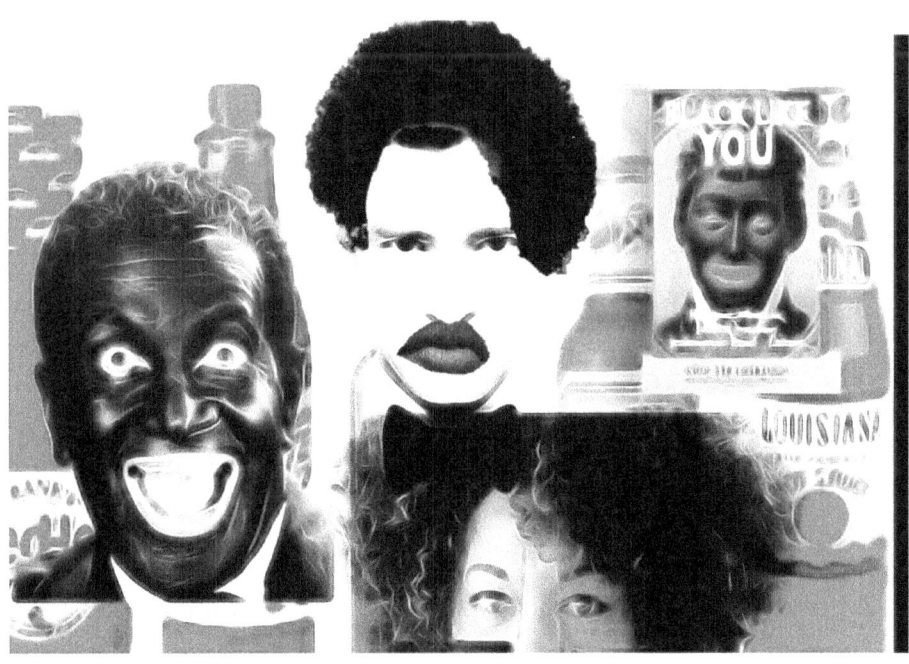

Antoinette Ellis-Williams, White Faces in Black, digital collage, 2016

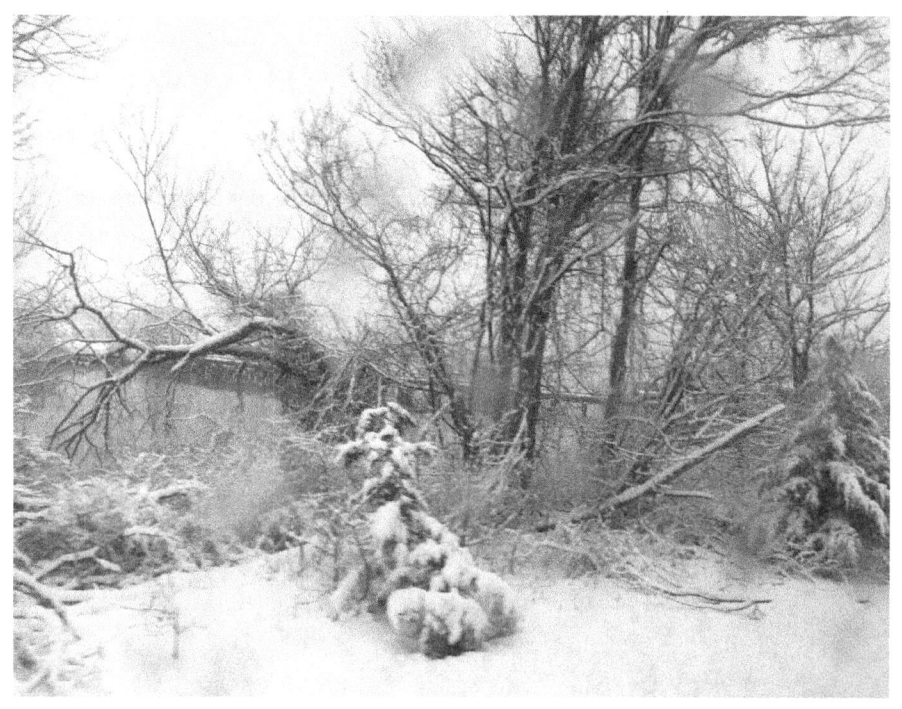

Antoinette Ellis-Williams, Winter Snow, Digital Photo, 2018

Antoinette Ellis-Williams, Sunset in Newark, Digital Photo, 2021

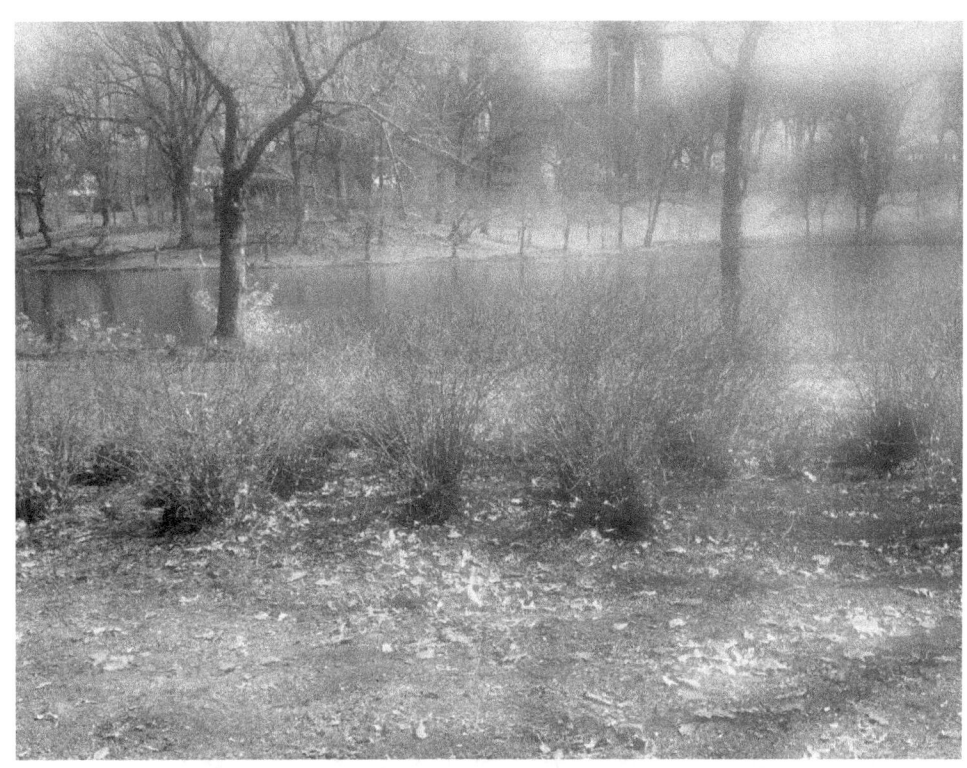

Antoinette Ellis-Williams, Last Day of Spring, Branchbrook Park in Newark, Photograph, 2021

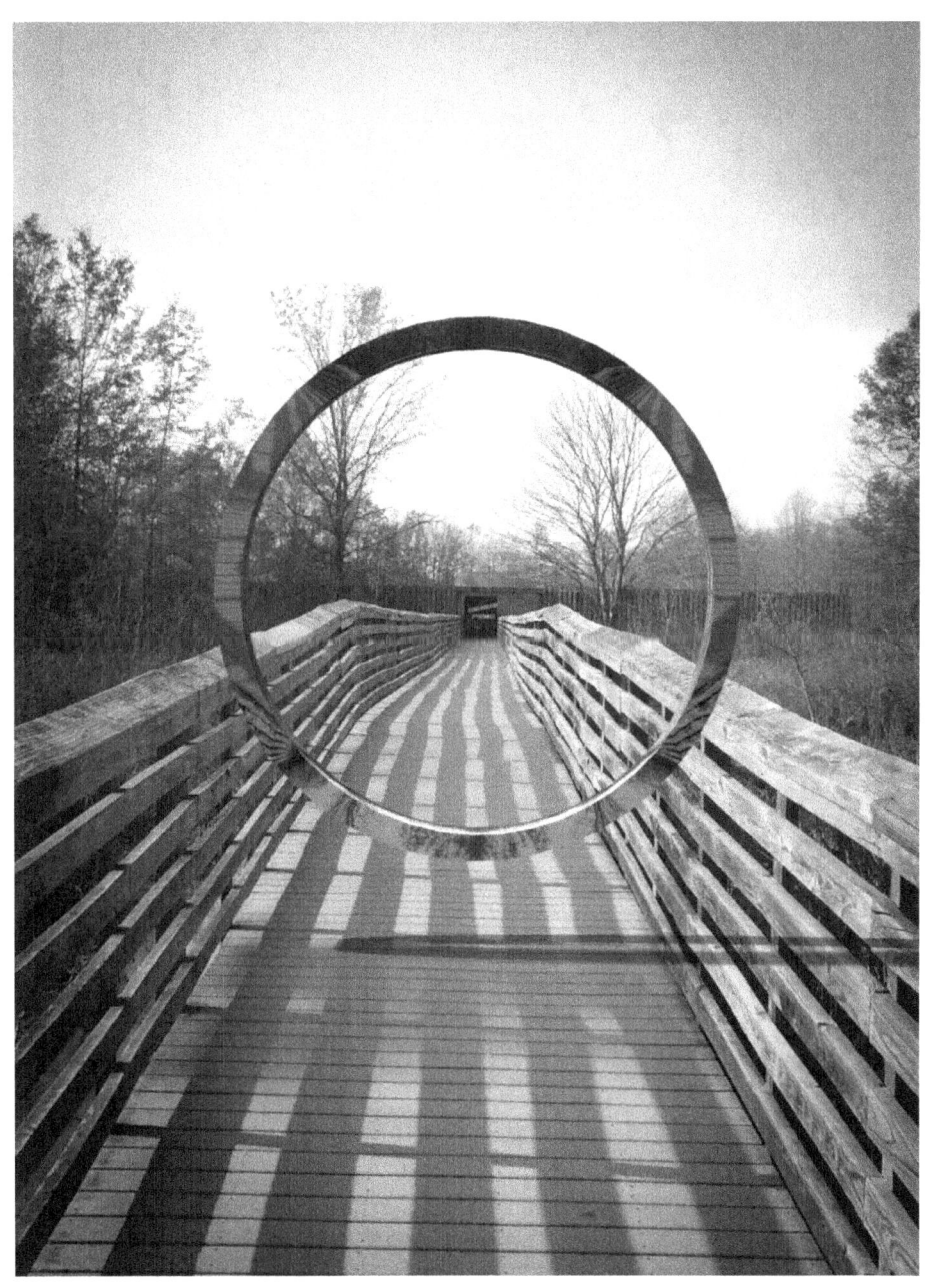

Antoinette Ellis-Williams, Perspective Series, Digital Photograph, 2016

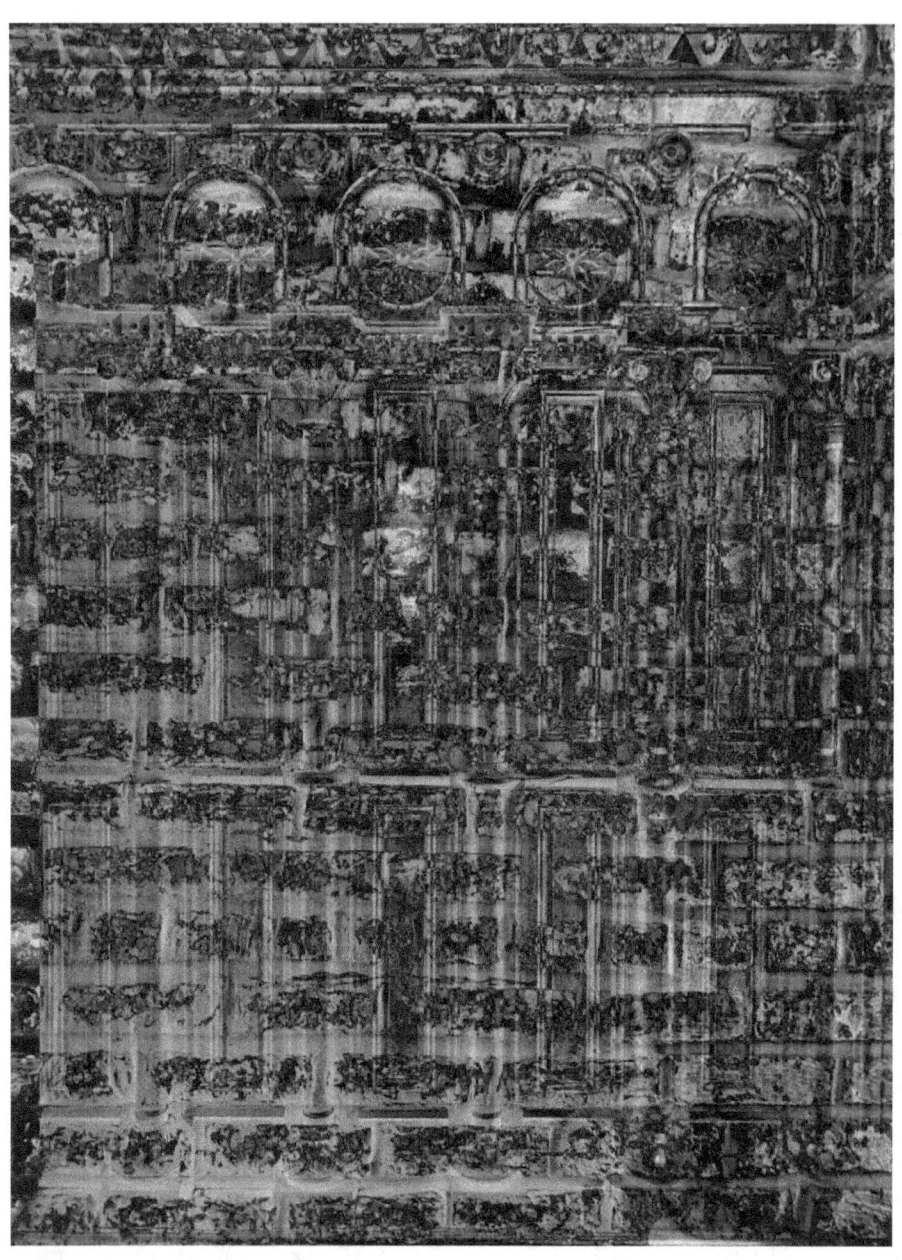

Antoinette Ellis-Williams, Enter Heaven's Door, digitally enhanced photo, 2021

JOHNNIE MAE MABERRY (USA)

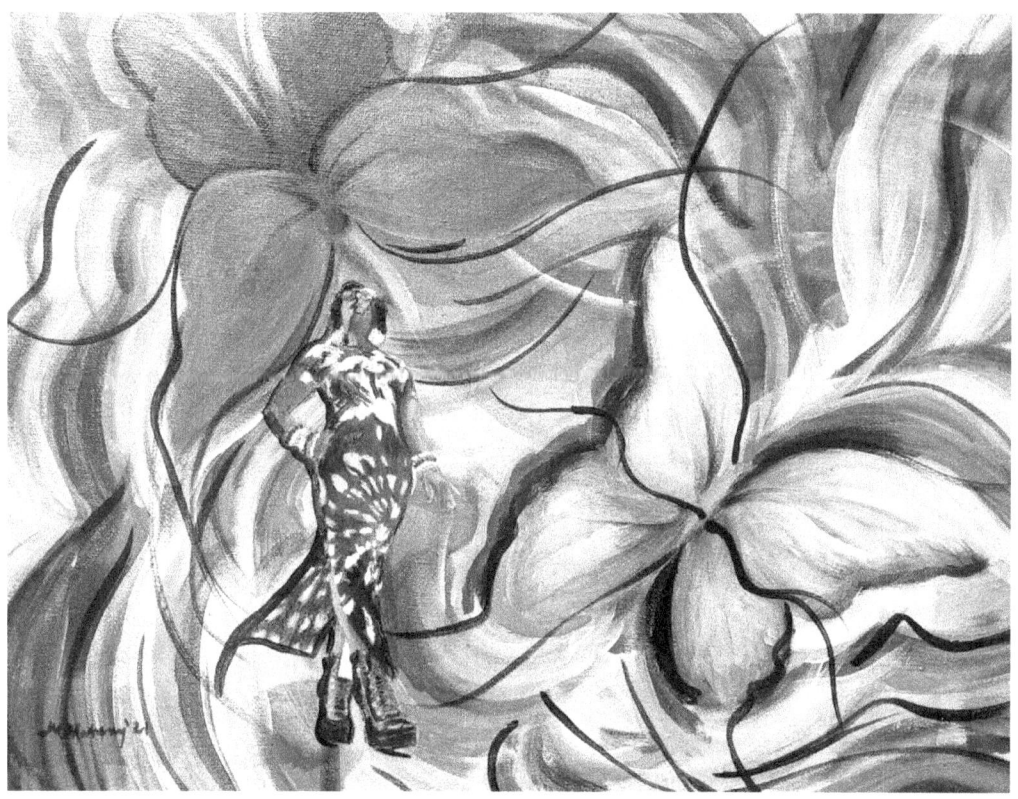

Johnnie Mae Maberry, She Evolves, mixed media/acrylic, 20" x 16", 2020

A tenured professor of art, Johnnie Mae Maberry has taught at her alma mater Tougaloo College since 1989. She has served as a curator of the Tougaloo Art Collection and is an organizer of the Tougaloo Art Colony. Johnnie is a historical and political activist who mentored more than one hundred students. Currently, Maberry is Co-Director of Tougaloo College's Institute for the Study of Modern Day Slavery. At the same time she is completing her Ph.D. degree at the Institute of Doctoral Studies in Visual Arts (IDSVA). She is an actively exhibiting her work artist. Her recent shows included a group exhibition featured in three regions in India and a group show at Alabama State University. She is also a proud parent of four adult children and a grandmother of ten grandchildren.

*****

Штатный профессор искусства, Джонни Мэй Маберри преподает в своем альма-матер Тугалу колледже с 1989 года. Она была куратором художественной коллекции Тугалу и организатором художественной колонии Тугалу.

Джонни является историческим и политическим активистом и наставником более ста студентов. В настоящее время Маберри является со-директором Института по изучению рабства в колледже Тугалу. В то же время она заканчивает докторантуру в Институте докторантуры в области визуальных искусств (IDSVA). Джонни Мэй Маберри активно выставляет свои работы. Ее недавние выставки включают групповую выставку, представленную в трех регионах Индии, и групповую выставку в Университете штата Алабама. Она также является гордым родителем четырех взрослых детей и бабушкой десяти внуков.

SHAKIRA LEE QUIN (Australia)

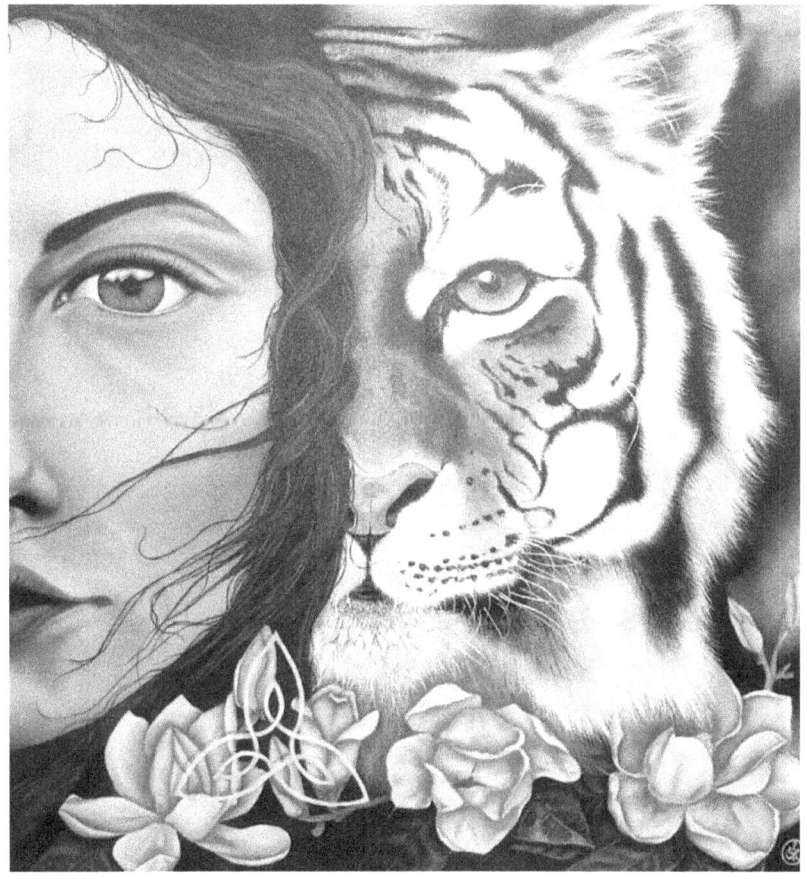

Shakira Lee Quin, Inner Strength, 60cm x 60cm, oil/canvas, 2019

Shakira Lee Quin is an Australian born contemporary artist and designer, practicing escapism and loving adventure of self-expression and creativity. She is drawn to human emotions and nature, capturing the essence of a moment. Shakira aspires to create the air of daydream in her paintings, whilst speaking to something within. She finds emotional and visual inspiration everywhere, including the flowing lines, tone, colour and light that she uses as a form of expression in her work. She has experience working in various environments, including private commissions and commercial designs. Shakira Lee Quin lives in Sunshine Coast, Queensland with her husband and six children.

*****

Шакира Ли Куин - австралийская художница и дизайнер, практикующая эскапизм и наслаждающаяся творческим процессом самовыражения. Ее привлекают человеческие эмоции и природа, ей нравится ловить моменты и запечатлять их на холсте. Художница стремится создать атмосферу мечты в своих картинах, разговаривая с чем-то внутренним. Шакира находит эмоциональное и визуальное вдохновение везде - в линии, тоне и цвете. В своем творчестве она использует как форму выражения плавную линию и игривость цветовых сочетаний и света. Она имеет различный опыт работы, включая частные заказы и коммерческие проекты. Шакира Ли Куин живет в Саншайн-Кост, штат Квинсленд, с мужем и 6 детьми.

VITALY DOBUSARSKIY (UKRAINE)

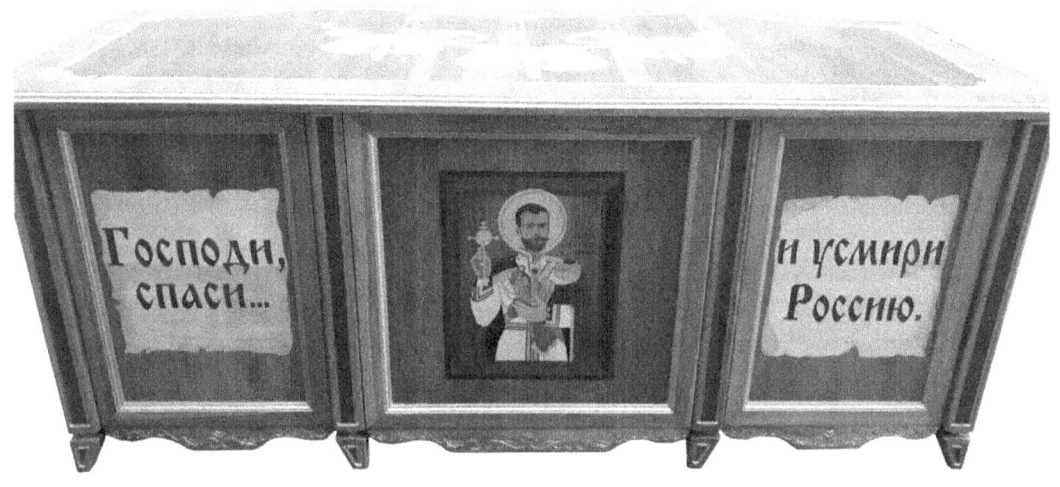

Vitaly Dobusarskiy, Table for the Tsar of Russia, Fine wood, marquetry technique, 1980mm x 850mm x 800mm, 2020. Completion took 7 years.

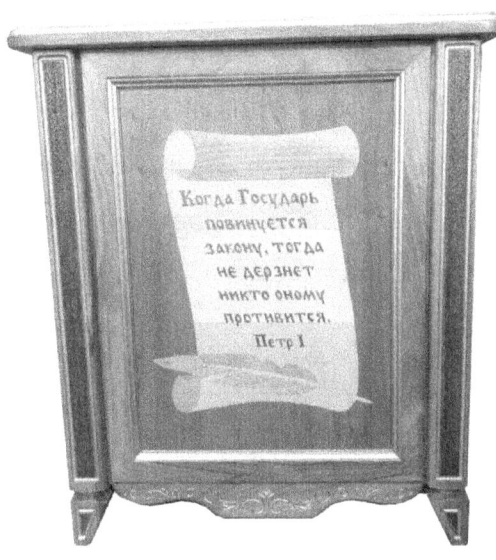

Vitaly Dobusarskiy never studied woodworking professionally. Long time ago, when he was much younger, he was browsing different magazines looking at their pictures. One Image of a wooden hallway mesmerized him and Vitaly decided to make that hallway. Things turned out not bad, he was successful, everyone loved it. Vitaly did not stop there, he continued making different wood products improving his skills. Later, he opened a carpentry workshop in his garage, where he today working with his son. Vitaliy lives in Ukraine, in Kherson region, Nova Kakhovka town.

*****

Виталий Добусарский на мастера по дереву нигде не учился профессионально. Давным-давно, когда он был намного моложе, он просматривал фотографии разных журналах. Одна фотографиая с деревянной прихожей загипнотизировала его и Виталий решил сделать ее. Все получилось, прихожая всем понравилась. Виталий не остановился на этом, а продолжал делать различные изделия из дерева, совершенствуя свои навыки. Позже он открыл столярну мастерская в своем гараже, где он сегодня работает с сыном. Виталий живет на Украине, в Херсонской области, городе Новая Каховка.

WHAT MAKES ART ART?

STEFAN EINS:

"Artists decide what makes Art Art."

~~~

«Художники решают, что делает искусство искусством».

NATALI SHVETS:

"...art IS art only WHEN HIS Majesty the Supreme Chance, at the right place and time, brings your opus to the eyes of an experienced art critic and captures HIS attention not only with your creation, but also with your personality…".

~~~

«...искусство и ЕСТЬ искусство только ТОГДА, когда ЕГО Величество Высший Случай, по месту и вовремя, приводит Ваш опус ко взору опытного искусствоведа-критика и захватывает полостью ЕГО внимание не только Вашим творением, но и рождает симпатию к Вашей особе…»

VADIM KYRYLYUK:

"... those Mysteries and Secrets inherent in my ill imagination arising and whirling in front of my gaze..., and then, controlling my hand, my body and my consciousness, my tousled brush with rough spatula and viscous strokes, illuminate the outlines made by me using three acrylic colors diluted with White pastel..."

~~~

«...те Мистерии и Тайны, присущие моему больному воображению, возникают и кружатся перед моим взором..., а после, управляя моей рукой, моим телом и моим сознанием, шершавой кистью, грубым шпателем и вязкими мазками озаряют очертания, деланные мной из 3-ёх акриловых цветов, разбавленных Белой пастелью...»

ANTOINETTE ELLIS-WILLIAMS:

"Art is an ongoing conversation with the universe that reveals light and dark; and so much grey. Art providers viewers in endless ways with myriad lenses of yesterday, today and tomorrow. It helps us imagine and reimagine what is possible. Art is anything that brings to the surface our collective human emotions. But art also reveals the beauty of unique cultural expressions and memories. Art doesn't have the answer, rather is forces inquiry. Art is peace, art is war. Art is the music of the storm and the stillness after the first snowfall."

~~~

«Искусство — это непрерывный разговор со Вселенной, который раскрывает и свет, и тьму; и так много серого. Поставщики искусства бесконечно были и будут зрителями с бесчисленными объективами, вчера, сегодня и завтра. Это помогает нам представить и переосмыслить то, что возможно. Искусство – это все, что показывает наши коллективные человеческие эмоции. Искусство также раскрывает красоту уникального культурного самовыражение и воспоминаний. Искусство не имеет ответа, скорее это исследование сил. Искусство – это мир, искусство – это война. Искусство – это музыка бури и тишины после первого снегопада».

JOHNNIE MAE MABERRY:

"Altering a line from William Shakespeare Sonnet 116 and replacing the word

"Love" with the word art, "Art is not art which alters when alteration finds or bends with the remover to remove." Art is an ever-fixed creation. It remains art regardless of perceptions, approvals, or rejections. Art in its many diverse forms evolves from a private spirit into a public reality. The Master Artist said, "Let there be light." In that light, art evolves and exists. Art is not MADE art. Art IS art."

~~~

«Изменяя строки из сонета Уильяма Шекспира 116 и заменяя слова «Любовь» словом «искусство»: «Искусство — это не искусство, которое изменяется. Искусство в течение лет не меркнется, не тускнеет». Искусство - это вечно фиксированное творение. Оно остается искусством независимо от восприятия, одобрения или отвержения. Искусство в его многочисленных разнообразных формах эволюционирует из личного вдохновения в общественную реальность. Мастер-художник сказал: «Да будет свет». В этом свете искусство развивается и существует. Искусство не является СДЕЛАННЫМ искусством. Искусство есть искусство».

SHAKIRA LEE QUIN

"Art is a language-less expression, across all other lexes completely without barriers and from the heart. It is where manifestation and communication meets connection. Intended meaning from the creator may be lost, but the connection with art is most often a connection with self. And understanding of self-thought an others art is unspoken communication a soul connection. Art is a universal language and this is what makes art, art."

~~~

«Искусство — это самовыражение без использования словесного языка, совершенно без барьеров и от сердца. Именно здесь манифестация и общение встречаются с связями.   Смысл вложенный создателем может быть утерян, но связь с искусством чаще всего связь с самим собой. И понимание себя и чужого искусства есть негласное общение с душевной связью. Искусство – это универсальный язык, и это то, что делает искусство, искусство».

VITALY DOBUSARSKIY

"Art has magical properties. It affects our senses, reasons, emotions, makes a person happier and kinder. Art enhances the quality of life and the enjoyment of it. All of this makes art art."

~~~

«Искусство обладает волшебными свойствами. Оно воздействует на наши чувства, разум, эмоции, делает человека счастливее и добрее. Искусство повышает качество жизни и удовольствие от нее. Все это делает искусство - искусством».

CONCLUSION

Art, art, art... . What is that? Can anyone create art? Can anyone create good or even great art? Some people say: "Anything created is art, because it is created by you." But is that true? However, many think that the art is good only when you do the stuff that only you can do. And they are talking about uniqueness. The great art was always unique and recognizable, when a viewer could say: "Hey, I know who made this piece!" Probably this is the thing all artists want - to be recognizable. But it involves a lot of work. And additionally to it, the life journey of these unique pieces producers (Artists) could be not as easy as the daily trips to a flea market or a local art gallery… . So let's assume that all art is different, just like the purpose of its creation and the expression quality. What Makes Art Art? I believe that this question can be interpreted as "What Is Difference Between Art and Junk?" The Art is when you can look at one art piece for hours enjoying it and continuing to see something new in it. Art will amaze, amuse, surprise, inspire, and never leave you indifferent. And of course, Art represents the Artist who created it, it is recognizable like his face, it is His Face. Not mentioning, that the best friend of the Art is professionalism, which includes sense of color, composition, more… .This is how I see Art.

Nadia Russ

ОКОНЧАНИЕ

Искусство, искусство, искусство… . Что это? Может ли каждый создавать искусство? Может ли каждый создать настоящее и великолепное произведение искусства? Некоторые люди говорят: «Все, что создано, является искусством, потому что оно создано вами». Но так ли это? В то же время многие думают, что искусство является настоящим только тогда, когда художник делает то, что только он может сделать, и никто другой. Они говорят об уникальности. Великое искусство всегда было уникальным и узнаваемым, и зритель мог всегда сказать: «Ох, да я знаю, кто создал это произведение!». Вероятно это то, чего хотят все художники – быть узнаваемыми. Но это требует большой работы. И кроме того, жизненный путь создателей уникальных произведений может быть не таким простым, как поездки на барахолку или в местную художественную галерею… . Итак, давайте предположим, что все творения различны, точно так же, как цель их создания и качество самовыражения. Что делает искусство искусством? Я считаю, что этот вопрос можно интерпретировать так: «В чем разница между искусством и мусором?». Искусство - это когда вы можете смотреть на произведение часами, наслаждаясь им или ужасаясь, продолжая находить в нем что-то новое. Искусство поражает, удивляет, вдохновляет и никогда не оставит вас равнодушным. И конечно, Искусство представляет художника, который его создал, оно узнаваемо, как и он сам. Это Его Лицо. Не говоря уже о том, что лучшие друзья искусства – это профессионализм, который включает в себя чувство цвета, чувство композиции, и многое другое. Вот как я понимаю Искусство.

Надя Русс

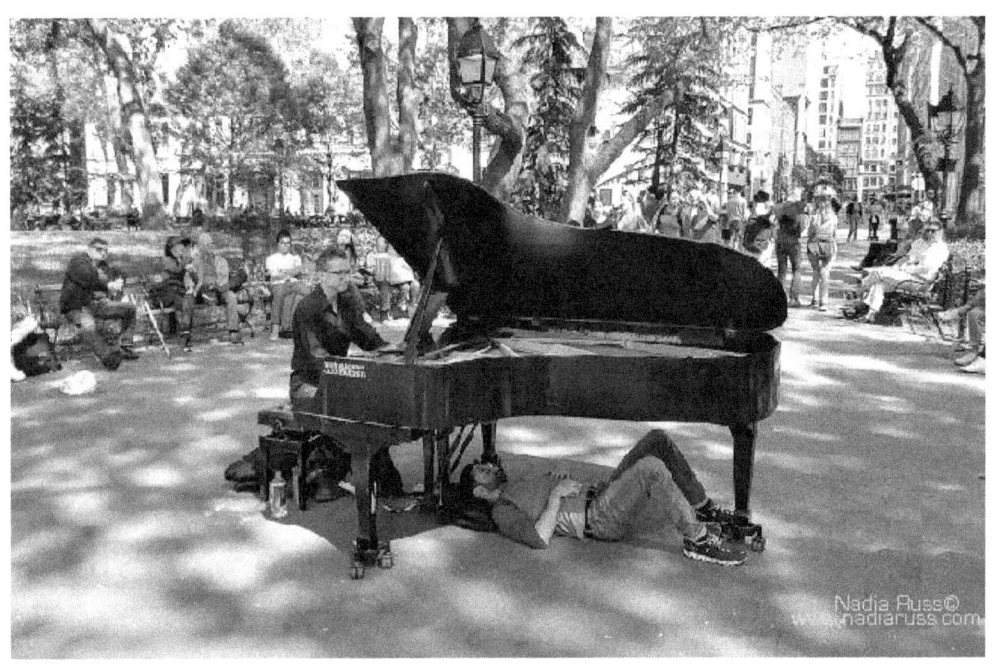

Nadia Russ, Piano in Washington Square Park, Photography, NYC, 2019

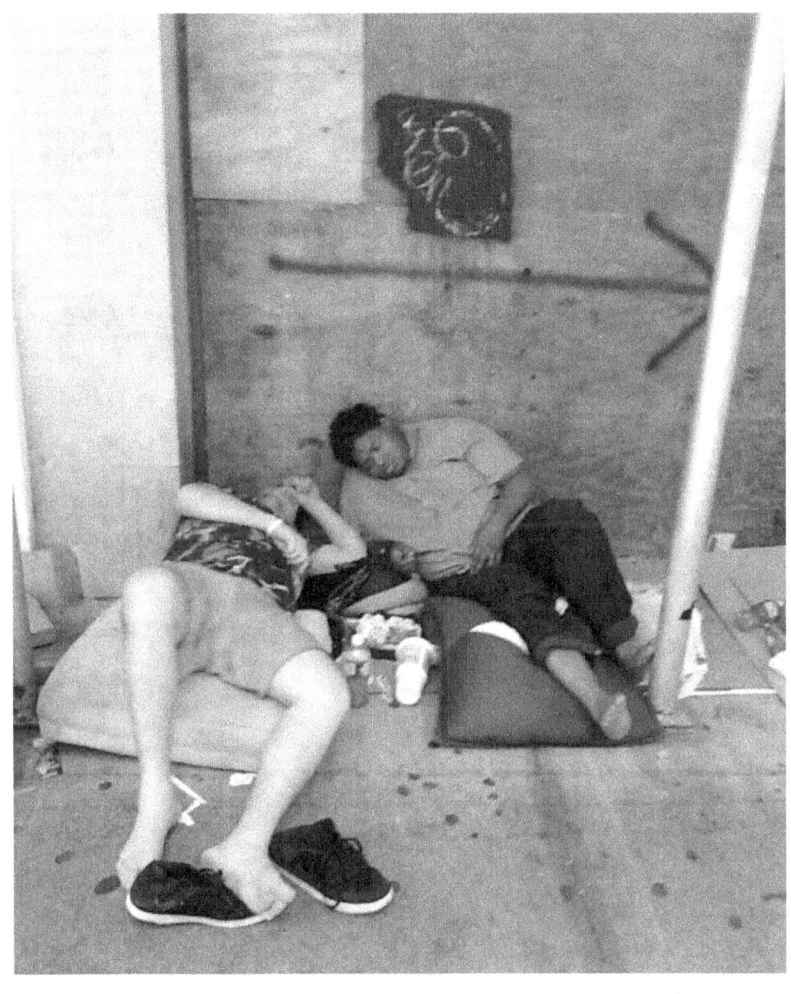

Nadia Russ, While Scholars Debating Race, These Two Just Taking Nap in NYC's Downtown, Photography, 2015

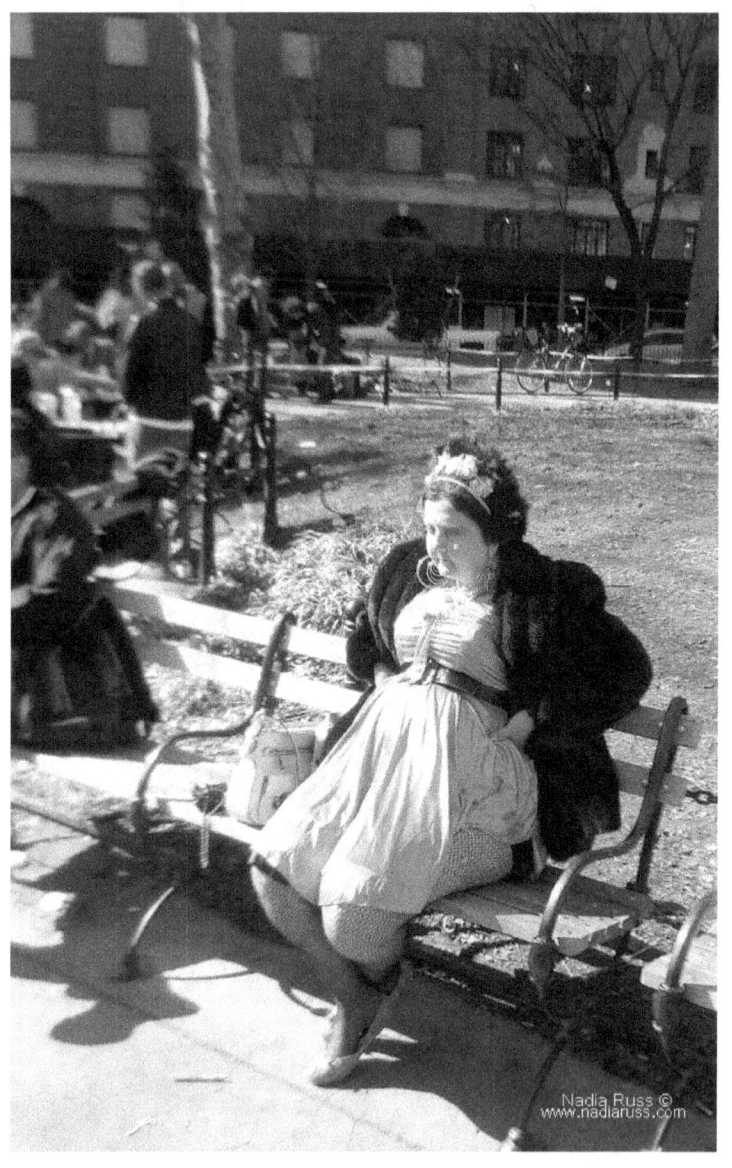

Nadia Russ, Lady in Pink on a Bench, photography, NYC, 2019

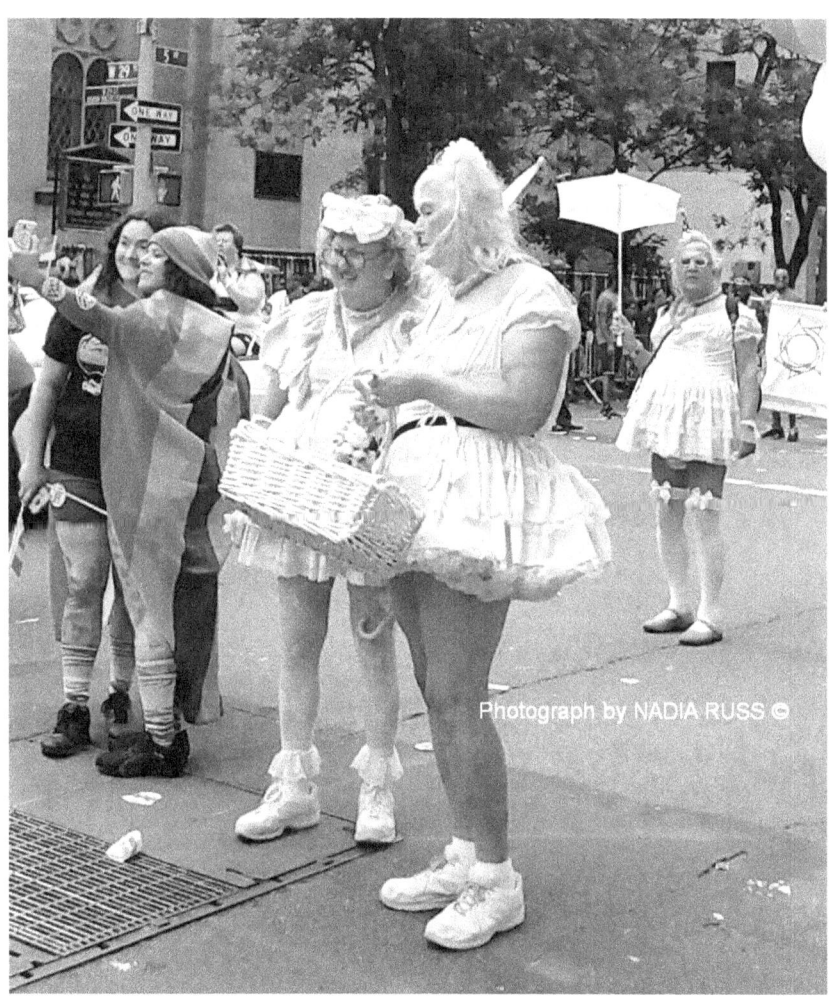

Nadia Russ, Decadence of NYC: Proud "Girls" on 5th Avenue, Photography, 2015

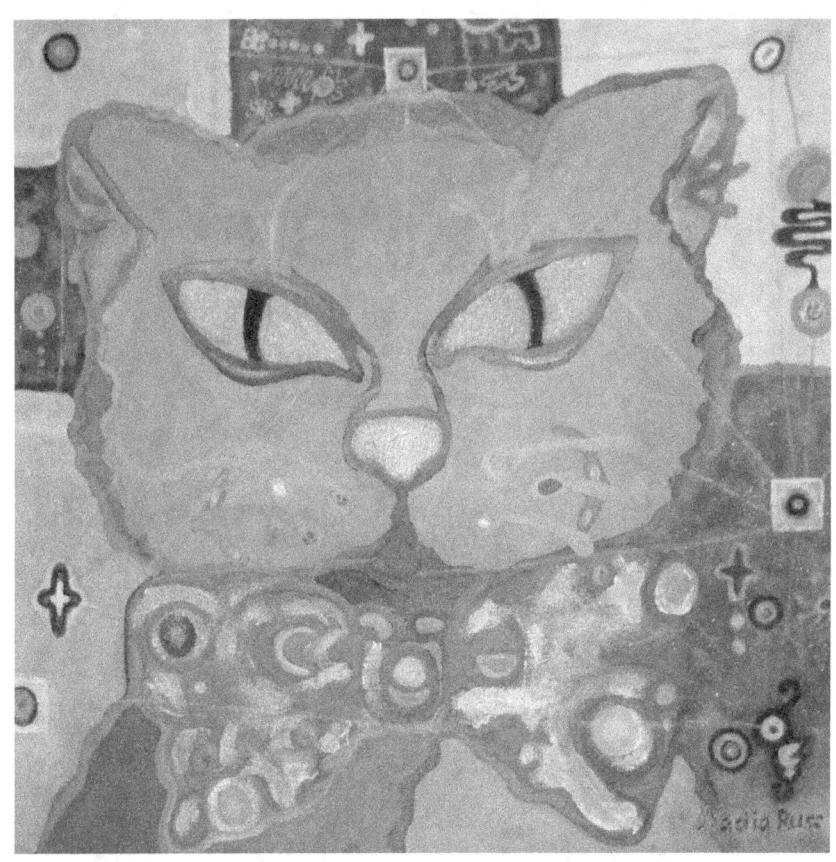

Nadia Russ, Salmon Inscrutable, acrylic/canvas, approx. 24"x24", NYC, 2001

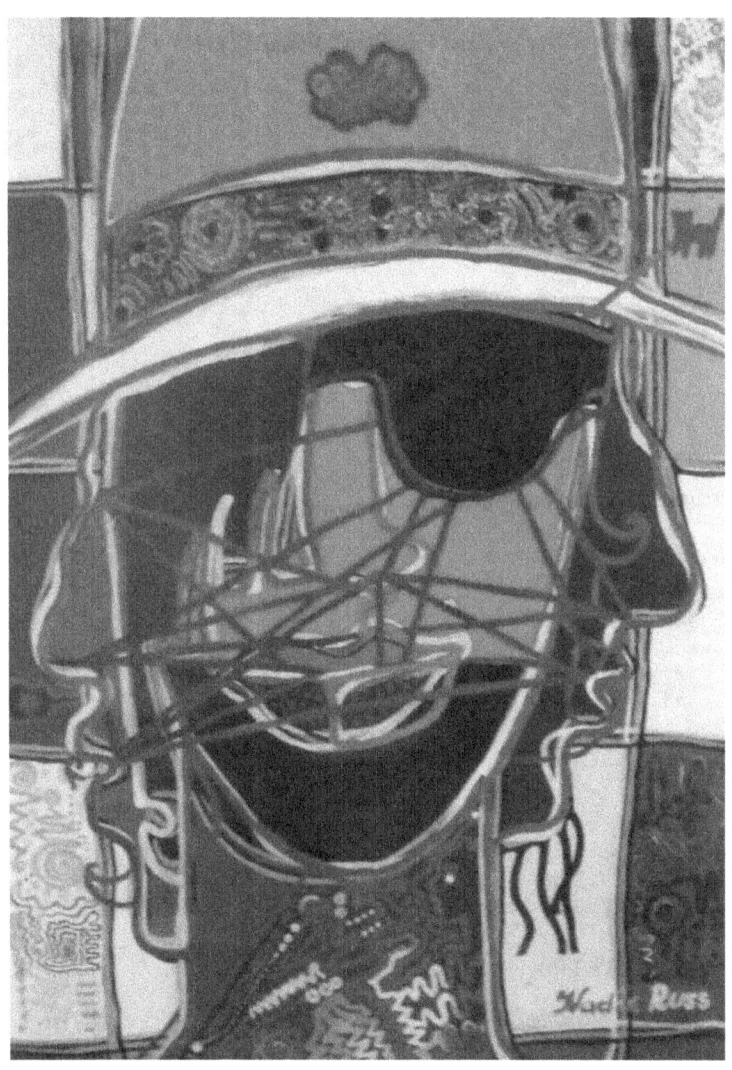

Nadia Russ, Red Caviar Gangsta, acrylic/canvas, large size, Florida, 2013

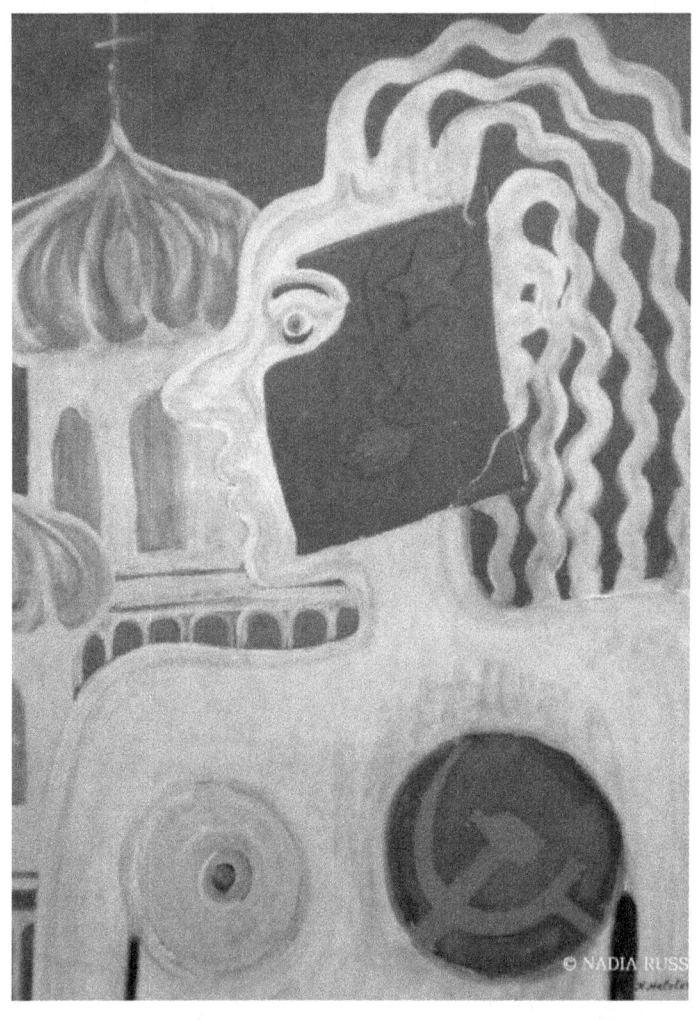

Nadia Russ, Russian (and now American) Breast Cancer, acrylic/paper, Bahamas, 1997

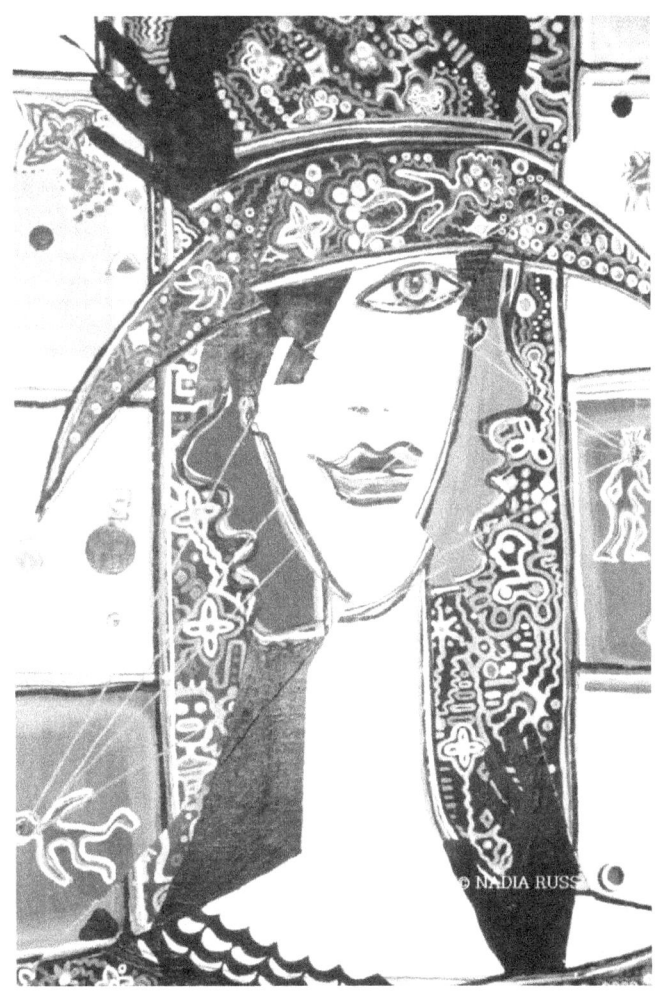

Nadia Russ, Queen of Magic, acrylic on canvas glued to plywood, 24"x36", Bahamas, 1997

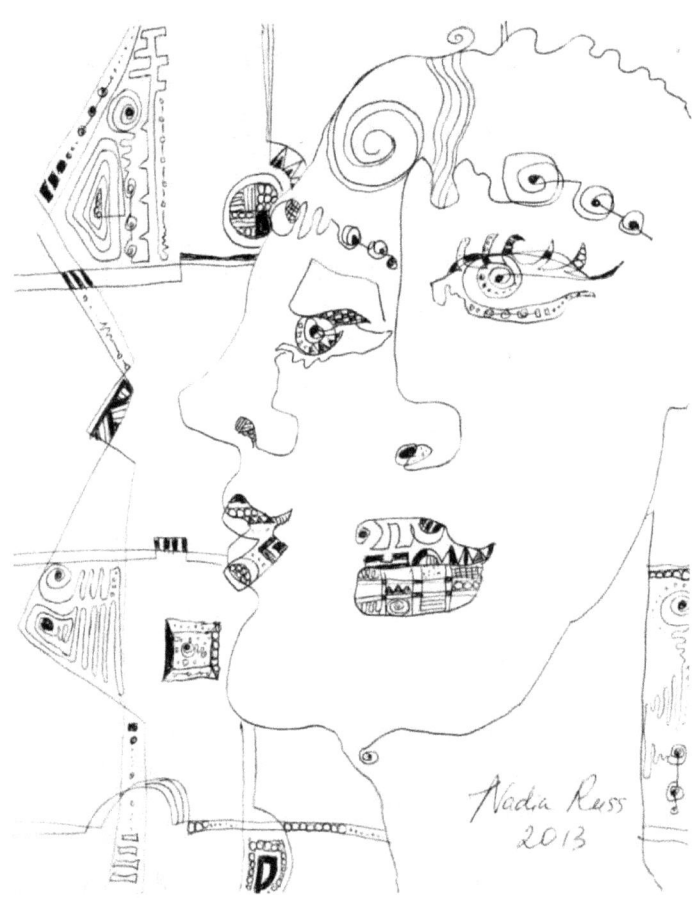

Nadia Russ, Faces, ink/paper, 8"x10", 2013

The interior of this book was completed on September 27, 2021, in the US.

NeoPopRealism Press
www.neopoprealism.org

www.ingramcontent.com/pod-product-compliance
Lightning Source LLC
Chambersburg PA
CBHW062336220526
45469CB00008B/2736